FUEGO, BARRO Y VIENTO

Poemas y relatos

Julián Hernández Rowland

COLECCIÓN ITES

FUEGO, BARRO Y VIENTO.
POEMAS Y RELATOS

© Julián Hernández Rowland
© de esta edición: Olé Libros, 2024

ISBN: 978-84-10053-44-1
Depósito legal: V-2621-2024
Impreso en España

KALOSINI, S. L.
Grupo editorial olélibros
equipo@olelibros.com
www.olelibros.com

*Dedicado a mi familia, a los adultos
y a todas las ovejas negras.*

A mi hija Sara.

La poesía es a la vez un escondrijo y un altavoz.
NADINE GORDIMER (1923-2014)

La poesía es lo que sucede cuando nada más puede.
CHARLES BUKOWSKI (1920-1994)

No dejes que termine el día sin haber crecido un poco,
sin haber sido feliz, sin haber aumentado tus sueños.
No te dejes vencer por el desaliento.
[...]
No dejes nunca de soñar,
porque en sueños es libre el hombre.
WALT WHITMAN (1819-1892)

Viento estancado

La noche se vuelve ambigua como las formas del pasado. Un espejo que acompaña a la memoria cansada. Se adivina la vejez en las arrugas de la noche, cada vez más oscura y tediosa, donde no se sabe ya con certeza ni lo que pudo estar bien ni lo que pudo parecer mal.

La memoria se retuerce a cada curva, salta desde el pasado más presente hasta el pasado más lejano, mezclándose como un sueño de una sola noche. Y es eso, solo disponemos de una noche para soñar, de una noche para entremezclar nuestras vidas. Nuestras ilusiones no viven en una sola noche.

¿Qué demonios buscamos en una carretera sinuosa, oscura y llena de curvas?

La música es en sí misma un instrumento para viajar a los recuerdos más necesitados, para revivir viejos abrazos, susurros cantados a nuestro corazón con la fantasía de un crío.

Los viejos olmos del camino escupen su coraza con la lluvia pesada del otoño a la carretera negra y sucia. Sus copas se balancean llenas de vida marchita, amarilla y marrón, luchando por acariciar el áspero cielo. Su giro es inesperado pero irresistible. Nada se opone a su muerte una vez que ha llegado.

Estos olmos serán nuestros únicos testigos. Los únicos en arraigar cada uno de nuestros recuerdos como si de algo valioso se tratase. Solo ellos sabrán acordarse de nuestros días, a pesar de que ya habrán muerto sus hojas cien veces antes de vernos caer.

Y qué decir del viento, ese conocido extraño que viaja incansable por cada uno de nuestros corazones y en cada una de nuestras estaciones. Otro extraño aliado de nuestra soledad dorada. Se cansa nuestra alma de ver al viento huir y quedarse ella encarcelada entre paredes de un barro tan débil. La carne, al igual que la tierra, necesita del agua que trae el viento en su boca.

El alma de un cuerpo es solo viento encarcelado, agua de manantial estancada, el sueño de todas las noches eternas, sin fin, sin pasado, la música de la vida plena, la felicidad inesperada.

El viento es el alma de los que marcharon, de los que lucharon y amaron una vida anterior a la que conocemos.

El viento, es un viajero en busca de recuerdos. Los ata en un lazo y se los lleva para devolvérnoslo cuando más los necesitamos. Solo hay que saber escucharlo y valorar lo que quiere contarnos. Es una lengua muda que deja sordo al que la escucha.

La muerte es esa inexistencia que no conocemos porque no existe, la asociamos al dolor, a la perdida, al tiempo pasado. ¿Cómo estancar el viento? ¿Cómo estancar la existencia?

Cosmos

Existen océanos, infinitos mares
de deseo, de amor inexplicable.
Lenguas de fuego ardiente
viajando por el cosmos.
Hay lugares interiores
tan vastos y escarpados,
himalayas de compasión
de belleza inabarcable.
Existen tiempos paralelos
vidas llenas, vidas cortas y
vasos comunicantes entre ellas.
Sentimientos que sobrepasan la muerte.
Y existe el adiós, el hasta otra.
Caminos por recorrer
con fe o sin ella.
Pasos, gritos, risas, todo junto.

LLEGADA

Camino el sendero de tus labios
que esperan bajo tu dulce mirada.
Has llegado.
La tarde se acorta bajo el sol y
el verano recoge su color dorado.
Se acercan los ocres otoñales,
suaves vientos de dulce cambio.
Ya no será otro ocaso.
Nuevos aromas invaden mi cuerpo.
Las avispas, agresivas, mueren ahora.
Valió la pena la espera
y conocer el vacío, inmenso,
que aguardará mi llegada.

AIRE

Continúo escribiendo
pedazos de hilos vestidos en plata.
Guirnaldas de deseos,
recuerdos metidos en cajas de regalo.
Se acerca la Navidad.
Se presenta el frío helado invierno, y
echo de menos tener memoria.
Todo es absurdo sin pasado.
Desecho personajes,
busco nuevos actores y actrices
antes de tener
el guion de mi historia.
La soledad es tan aburrida
como la inútil compañía.
No quiero
volver a ser un niño
ni un adulto indefenso.
No veo
salidas a un drama
que se convierte en vida,
una vida
que se esconde
tras los árboles
de un bosque
de enanos bonsáis de piedra.
Lo único limpio
es el aire
que se escapa de madrugada
cuando nadie escucha sus lamentos.

El Agua se pudre, se estanca.
El Fuego se aburre y se apaga.
La Tierra solo ansía
recuperar lo suyo: el polvo
que impregna las almas.
Solo me queda el Viento,
temerario, osado y libre.
La carne volverá a la Tierra;
el Agua, se hará vapor y
huirá mudando su rostro.
El Fuego, egoísta,
solo piensa en devorar
pero es presente eterno.

El cisne blanco

Una noche plagada de lunares blancos animó el oscuro jardín. Criaturas negras cantaban al cisne blanco del estanque CRI-CRI-CRI, haciendo el sueño imposible.

Las aguas eran negras y brillantes y dibujaban ondas al paso de la vieja rana.

Una muchachita chilla desde el porche y aguarda silencio, pero el jardín continúa cantando insolente. En su frente afloran arrugas de enfado.

El cisne blanco oculta su cabezota bajo el ala resguardándose del canto del grillar. La luna observa maternal, dulce y cariñosa, el patio de colegio que ha creado.

La hierba está húmeda y fría para los pies descalzos de la niña que se acerca con sigilo al agua. Calla la noche, a su paso, auscultada por miles de miradas negras.

El cisne alza el cuello hasta que su pico acaricia la joven carita de la niña. Su vestido blanco se empapa con el nervioso aleteo del cisne. Su rostro frente al agua aparece inmenso junto al reflejo de la luna, y la brisa hace bailar sus rizos rubios.

Frente al espejo nocturno la niña surca con sus dedos el agua, acariciando las estrellas.

La vieja rana observa desde la profundidad del estanque sin entender por qué la chiquilla acaricia el agua. Huye la rana entre la maleza seca con saltos cortos y torpes buscando la compañía de la música nocturna, hasta que se anima a cantar. Hincha su garganta haciéndose oír. Su voz es un ronquido y pronto su canto es coreado: «CRI-CRI-CRI».

El silencioso cisne adivina lo inesperado y se aleja hacia la protección del sauce llorón. La chiquilla observa el cielo mientras las nubes van difuminando las luces de la noche. Tras el relámpago se hace el silencio. Corre la niña chillando hacia la casa de madera blanca, hacia el calor de las luces del porche mientras la lluvia se derrumba en el jardín.

****

Guardará la niña en su memoria la magia de esta noche y el consejo del blanco cisne. Lo guardará hasta que sea mayor, hasta que crezca tanto que ya solo necesite recordar.

Hace tiempo

Que la noche no es enemiga,
que el ocaso se torna cálido,
tu tacto se antoja válido
y la música mi alma espiga.
Hace tiempo
que escucho y no oigo llanto.
Araño el silencio sin ganas,
muerdo, ladro y canto
y no encuentro sal ni garras.
Hace tiempo
que busco tu sola esencia,
que encuentro tu esencia sola,
navego el río de la conciencia
naufrago con la primera ola.
Hace tiempo
que huyó la ternura al campo,
ciudad de acero y asfalto.

ESPERO

Armo mis versos con ternura
esta noche blanca de luna,
de grillos negros que insomnizan.
Mi alma no puede dormir,
no entiende soñar, se deja vivir.
Mi alma existe y la noto.
No se queja, espera, se mueve...
Solo mi vida no sigue sus pasos.

La dulzura de cien mares salados
con sus aguas negras, nocturnas.
La dulzura del reflejo de la blanca luna
en sus aguas negras.
Recuerdo otra vez su aroma, su
aliento marino, cálido y húmedo,
en las noches de agosto.
Recuerdo todo aquello.
Es mi alma de nuevo.
Recuerdo mi alma en esos días
y la envidio, la busco en mi pecho.
Por eso armo mis versos con ternura,
con deseo, por si vuelve esta noche.
Por si encuentra el camino
y no se pierde a la vuelta.
Porque eso era vivir con alegría,
gritando en la arena, silbando al despertar...
Y aún espero. Espero a mi alma perdida.
Espero.

ESTRELLA

Mientras quede una estrella
seguiré soñando, cada día,
que nunca te he conocido,
que te he amado sin verte y
te he esperado sin conocerte.

La noche llena de estrellas,
la hierba mojada bajo la luna,
tus pies, descalzos,
entre mis sábanas
tocando el piano de mi locura.

Hoy han pisado el asfalto
mis pies de elefante.
Un segundo de cordura.
Un segundo de grava.
El asfalto no conoce el presente,
es solo un camino fugaz,
se olvida a cada metro,
nace y crece a cada instante.

He pensado en mi tierra mojada.
De lluvia brillante adornada.
Es mi destino la lluvia,
la isla de mares bañada.

Te dejo a cada gota de alcohol.
Te busco en un hielo,
te encuentro acristalada en un vaso.
El alcohol ha hecho su trabajo.

Déjame vivir en un sorbo.
Déjame cuidar mis penas
lamidas con la lengua dormida
de tanto colmillo oxidado.

TORMENTO

Es el dolor más intenso
que se extiende por el cuerpo
como el agua de la mar
al lamer la arena esponjosa.

Duele hasta los dedos que lo escriben,
temerosos, temblorosos y arrugados.
Es el dolor de una noche cálida
roída por colmillos oxidados.

Dientes que arrancan el calor
dejando solo oscuridad y temor.

Es el dolor más intenso,
el que se pega a los sueños,
el que desgarra tus noches cálidas
llevándose la brisa de tus ojos,
llevándose tus risas y
dejando tus enojos.

Es el dolor más intenso,
el que intenta volar por los recuerdos,
escudriñados, analizados y despedazados
en la arena de espuma blanca,
la que arranca una lágrima hueca
reflejo de mil naufragios.
¿Quién nos regala el tiempo?
¿Quién besa nuestros labios de cera?
¿Quién ahuyenta las pesadillas de nuestro reposo?
Vive Dios en cada uno de nosotros,
en cada risa, en cada hueso roto.

Cada instante de eternidad es un brote
verde, nuevo, fresco, ingenuo, bello.

El dolor más intenso,
aquel que inventa las letras,
aquel que desdibuja la esperanza
con borrador de encerado negro.
Encerado de enseñanzas vacías.

¡Vive la vida a cada soplo!
Respira la eternidad de una noche,
el calor de un témpano de hielo,
la dulzura de la sal mojada en una lágrima.

Y canta con voz de árbol encrespado.
Agarra tus uñas a la tierra seca,
nota cómo trepa por tus dedos el polvo
por el que mueren, a cada instante, los hombres.
Nota cómo huele la esperanza,
que es la lluvia antes de caer
una tarde de verano.

Un día especial

Hoy no es un día especial. Ni siquiera es otro día más. Aun así, es el día que he decidido tener. Sé que puede que no haya muchos días, que Nunca se vive para Siempre. Aun así, es el día que he decidido tener: un día como esta hoja que lleno de palabras para expresar un tedio. Un objeto vacío, un espacio con nada que añadir. Palabras que no transportan ninguna idea. Palabras sin ilusión, aburridas.

A veces, me sorprendo escribiendo sin destino, sin un objetivo. Solo deslizo unas líneas azules en mi cuaderno. Difícil es que no traspase mi estado a cualquier espectador y lo temo. Temo dejar ver tanto Vacío, llenar de aburrimiento el alma de mis ignorados. Ignorar el Vacío que sienten mis espectadores. Solo vislumbrarlo ya me llena de vacío.

Otro tedio, otro día no vivido, no buscado, sin provocación ni ansia. Otro día que ni suma ni resta, que no me roba tiempo.

Hoy no cantaron las golondrinas, no escuché el arrullo del viento, no calentó el sol ningún atardecer, no acompasé al amanecer, no floreció ninguna estación, no se erizó mi piel con el tacto del deseo.

Hoy solo eché a perder el día sin desafiar a nadie, sin ofenderme por no haber vivido, por sentirme vacío sin ser inerte.

Hoy no busqué excusas para lamentarme ni forcé una desidia impostada. Escuché, atentamente, sin esperar Nada, sin sentir Nada.

Tanta Nada no cabe en mi Vacío. No es una Nada abominable, perecedera ni eterna. Es tan pasajera como este día que termina. Termina sin querer que acabe, sin desearlo.

No he sentido incomodidad, he dejado que pase sin añadir metáforas que aumenten o mermen su valor.

No siento todo este vacío con ninguna intención, no pretendo provocar comprensión ni rechazo.

He decidido no vivir por un día, cautivo en la libertad de mi decisión.

He visto pasar el mundo y la vida, y como el sol se movía, y he triunfado al no pensar que algo de esto tendría importancia.

Pasión

Mística música mustia,
violines, violas volando
Aire, huracanado viento
Risas, fuego ardiendo
Pasión en el cielo, en las nubes,
en el azul infinito futuro
Cuerdas de piano vibrando
al son y al borde del corazón
Espigas bailando al sol
desnudas, esqueléticas,
rozando el aire marrón
Va llegando el presente
Sin nombre, sin guerras
Sin colores ni banderas
Sin creencias ni religión
Solo pasión

SEGUNDOS

Caminar:

Siempre en ayunas de recuerdos
con el estómago vacío de pesares,
con la sed del náufrago de tu amor
y esperando el abrazo de tu tacto.

Encontrar:

Tu deseo puesto en mí.
Tu cabello enredando mi sonrisa,
tus labios suaves, de terciopelo,
rondando mi ansiosa boca.

Desear:

Caminar hallando juntos el camino.
Susurrarnos los pasos descalzos,
mojar los pies en la fuente clara
y no olvidar nunca la sed primera.

Sitio encontrado

El frío enero del parque me recuerda
otro paseo dado, otra forma de andar.
Los árboles susurran su silencio,
oído sin ganas por las gentes de este lugar.
Ellos no buscan su sitio,
no lo han de hallar.
Ellos no tienen camino
ni invierno que soportar.
Se visten en primavera
para nuestros ojos,
que siguen sin apreciar
un matiz distinto,
el mismo susurrar.

Se viste el olmo viejo de rojo fuego
en estas tardes,
cuando intenta alcanzar
los últimos tonos del día,
negándose a soñar.
La noche no escucha el susurro del olmo,
solo el continuo grito del grillar.
La noche se llena de sus criaturas negras, ruidosas,
que trepando al cielo por las ramas
pretenden devorar
un sitio encontrado, otra forma de mirar.

Seguirán trepando por las ramas,
se amamantarán del sitio encontrado,
sin darse cuenta de sus susurros
lanzados al vacío que nadie quiere escuchar.

Oscuridad

¿Qué es el mal?
Sentirse mal, angustiado por las sombras.
El mal a veces se hace dulce esperándolo.
A veces libera de tanta perfección
haciéndonos más humanos.
A veces trota mi imaginación
por las nubes de la incertidumbre.
¿Y si algo de mal no es malo?
¿Y si tanto bien hace daño?
Hay días en que la noche reconforta
después de tanto día, tanta luz.
Y la sombra se hace dueña,
por unas horas, de algo de luz
oculta en el corazón oscuro,

la noche traza sus deseos
a veces luminosos otros oscuros
del mismo corazón acorralado
entre brumas y ocasos matizados.
La noche vive sabia ajena
del ruido de los corazones.
Mientras unos duermen otros sangran
lejanas pasiones, alcohol en añoranza.
La música es noche, es fiesta.
El sol dibuja sombras a su antojo.
El cielo llora estrellas cuando duerme
y dibuja nubes cuando despierta.

Imagen

Espejo oscuro en el metro.
Me presenta una imagen fantasmal,
una imagen traslúcida del alma.
Un alma que me espera fuera del cuerpo
me dice cómo soy a tus ojos,
cómo llora mi sangre hasta mis labios.
Te deseo tal cual, sin apariencias,
sin espacio ni tiempo entre nosotros.

¿Estarás?

De un verano a un otoño
de pasión robada
caí del árbol de la vida,
marchito, como tantas veces,
como tantos olmos pasados.

Pero aún queda el aroma del verano,
la humedad de tu sal impregnando mi alma.
Ahora camino por piedras de fuego,
por carreteras antiguas.

Los mismos caminos debajo de mis pies
y me pregunto:
¿Seré capaz algún día
de abandonar la senda del adiós?
Y ya te voy inventando de nuevo,
esperando la lluvia de la siguiente primavera
que el sol abrasará con su abrazo.

Te quiero otra vez dibujar,
junto a las brasas del deseo
Te busco...
¿Estarás?

BLANCO

Te encontré vestida de blanco,
la luz espesa en tu piel.
Te abrazó el sol tras la ventana,
rubia melena de miel.

Aún te espero inútil,
sentado, tumbado y de pie.
Aún te veo y escucho
una risa, una mirada.

La música es lluvia
que no llega y se aparta.
El río baja vacío,
otoño que no amanece.

Y es un tren mi vida.
Un trayecto conocido,
recorrido de ida y vuelta.
Te espero, sentado, en la puerta.

Y no llama mi voz,
no se encrespa ni odia,
no hay fuego ni sombras.
Mi vida me reconoce.

Andar sendas ocultas,
buscar bosques mágicos y,
tras el incendio, un horizonte.
¿Vuelta a mi pasado?

****

Soñé que veníais a verme,
que caminábamos juntos
y éramos cien y éramos uno
cogidos de la mano.

Y no hacían falta las palabras.
La risa nos comunicaba y no había No.
No había hambre ni pesares,
solo éramos todo en la Nada.
Éramos cien y éramos uno.
Familia y amigos, LUZ.

¿Por qué dormir?, ¿por qué soñar esta noche?
¿Qué sentido tiene soñar cuando ya se vive
en la esperanza?

Qué inútil correr detrás de un tren
cuando partió, hace tiempo, con tus deseos
empaquetados en maletas de cartón.
Mejor buscar nuevos deseos y soñar con ellos.

Mentiras

Dulce, como un caramelo de sal.
Tierna, como una esponja de alcohol.
Esperada, como una noche en la luna.
Fría, como un muerto de risa.
Tráeme ya tu final de indiferencia,
dame el dolor de tu pérdida
antes de que muera, débil, mi esperanza.
De tu lado arrástrame al olvido,
a ese armario de aventuras viejas,
de príncipes maltratados.
Ve pelando mi piel azul y
déjame roídos los huesos.
Pero ámame una noche más
hasta que el sol me despierte
acurrucado junto a tu calor.

Libre

Nació de rodillas al Sol, temblando.
Sus brazos de Oro parecían
su rostro como carne de Salmón
       y su espíritu, el de un Galeón.

PUBERTAD

Recréate en la imperfección,
saborea las mieles de la irresponsabilidad.
Disfruta del ansia reservada y prohibida
de las manos suaves de la juventud.
Flota en sus paredes de insomnio
agotando cada vaso, explotando cada risa
y húndete en las aguas azules de la pubertad,
que es un viejo sauce junto al río.
Usa tus ojos de trampolín,
pelea brazo contra brazo. Empujones.
Que traerán a la fuerza tu destino
y el de tu amigo alado. Silente.
Acompaña tu primavera hasta la puerta
muéstrale el ardoroso verano que
hará de olvidar el OTOÑO,
presagio del mudo INVIERNO.

LUNA

A pedirte perdón por mis mentiras,
por mis errores y equivocaciones,
por ocultarme detrás de tus caras
tras tus misterios y tus estaciones.

Hoy vuelvo a la noche clara
a admirar de nuevo la llama
que irradia tu cielo estrellado
en calma, perpetuo y amado.

Navega el tiempo en tu cuna,
arrojas luz a los barcos bravos,
a oscuros océanos náufragos
en la bruma del amanecer.

La promesa

Eran casi las ocho de la tarde de un frío viernes de noviembre, para ser más exactos, de otro 25 de noviembre. La noche se iba pegando alrededor de las luces rojas de la ciudad. Era un frío húmedo y blanco, y el aire susurraba al meterse por la puerta del portal, entreabierta a propósito por una pareja de adolescentes que buscaban reconfortarse en los brazos de su primer amor.

Escondidos de las miradas, escondidos del frío y del viento otoñal, iban madurando su cariño. Como único testigo de su intimidad, un insolente ascensor que no paraba de subir y bajar haciendo un ruido industrial, como los brazos mecánicos que embutían las piezas en la fábrica en la que trabajaba Eugenio.

En el segundo piso Tomás terminaba su manzanilla resoplando por los bordes del vaso hasta conseguir enfriar un pequeño trago de la infusión. Estaba solo, como de costumbre, en el pequeño salón comedor, sentado frente a la terraza observando pensativo los tiestos recién sembrados. Los destellos verdes del luminoso de la farmacia de la esquina entraban a trompicones alumbrando las esquinas oscuras de la estancia y un murmullo de tráfico y ruido de trenes interrumpía de vez en cuando los recuerdos de Tomás. Esta tarde tenía otra vez el estómago hecho un nudo, una ligera acidez le subía desde la garganta. Quizás fuese por la fecha, porque sabía que tenía que cumplir con la promesa y que mañana volvería a acudir solo al encuentro anual.

Tomás era un hombre un tanto solitario y callado. Era un excelente vecino, atento con la comunidad y con cada vecino que se encontraba. Siempre saludaba y era respetado por todos no solo por su educación, sino porque transmitía una bondad y una seguridad enormes. Además, su rostro reflejaba serenidad. En este barrio de duros trabajadores venidos de otras comunidades, de vidas difíciles, de familias tocadas por diversas tragedias, los buenos modales escaseaban.

Tenía el don de poder apreciar la malicia en la gente antes de tener que padecerla, y cada palabra grosera o gesto despreciable hacia su persona le resbalaban como la fina lluvia al tocar los gruesos cristales del tren. Así quedaba a salvo, de momento, hasta que llegaba a casa cansado de patear las calles buscando tajo donde poder cumplir la semana. No era una persona capaz de defenderse con retorcidos insultos u ocurrencias, su mejor defensa era su personalidad humilde y sencilla. Para los problemas, o para las discusiones, siempre había contado con Teresa, una luchadora nata con una inteligencia y sentido común desbordantes. Los padres de Teresa nunca pudieron comprender cómo su hija pudo enamorarse de alguien como Tomás, sabiendo que venía del pueblo sin un duro en el bolsillo. ¿Cómo iba a poder sacar adelante a la hija del alcalde?

Teresa le quiso desde su más tierna infancia. Ella tenía siete años menos que él. Aun así, desde que le vio a sus doce años nunca necesito conocer a nadie más. Él apenas se había fijado en ella hasta que Teresa cumplió los quince. Todo el mundo hablaba de la belleza de la hija del alcalde y del orgullo que sentían sus padres por ver que su hija tenía muchas aptitudes para enviarla a una buena escuela en la ciudad.

Al final coincidieron en la capital, ella interna en una escuela de monjas y él de albañil construyendo la tapia del recinto escolar. Teresa mimaba sus jardineras repletas de ciclámenes con dulces tarareos cada mañana y observaba a Tomás llena de compasión y dulzura. Tomás le acercaba la regadera llena de agua, nervioso, llenando el suelo de pequeños charcos. La madre superiora rebufaba cada día ante la escena y entre soplidos y palmadas echaba del parque a Tomás.

La familia era cuanto le quedaba a Tomás, era todo lo que poseía y, desgraciadamente, Eugenio y David le habían olvidado. Quién le iba a decir que sus propios hijos, por los que se había desvivido, le iban a tratar tan injustamente.

Tomás se acercó a la vieja estufa de metal ennegrecido, acerco las palmas de las manos a las ascuas mientras recordaba el último cumpleaños de David. Esa fue la última vez que estuvieron todos juntos y felices. «Cómo pasa el tiempo —pensó—, tú tenías por aquel entonces el pelo por los hombros... aún recuerdo cómo te lo cepillabas antes de acostarte».

Sin darse cuenta, Tomás se encontró mirando el retrato de Teresa. Se había convertido en un gesto rutinario. Antes de acostarse siempre miraba primero su retrato y después el despertador, como si de este fuese a sonar un timbre que le despertase de su soledad.

La oscuridad de la noche entró en los sueños de Tomás. Nunca lograba recordar lo que había soñado la noche anterior, sin embargo, siempre despertaba agitado y empapado en sudor frío.

La sábana se arrugó entre los dedos apretados y Tomás despertó ante el ruido acusador del despertador. Ya era la hora de levantarse y cumplir con su promesa. Aún tenía el estómago encogido, así que solo desayunó un café aguado.

La carretera le escupía el humo de los coches mientras andaba cabizbajo por el arcén. Hacía mucho frío, a pesar de ser tarde, y el aire le cortaba la piel de la cara recién afeitada. Tras un camión enorme le sobresaltó la arenilla en los ojos. Frío, polvo y viento azotaban los ciclámenes de Tomás. Intentó resguardarse bajo las solapas de su gabardina marrón. Siguió por el puente del río Henares hasta cruzarlo. Los coches pasaban cada vez más cerca de Tomás mientras el andaba extraído, cada vez más cabizbajo para protegerse del tráfico. Solo pensaba en el momento de la verdad, en el momento en que tendría que explicarle a Teresa cómo no había podido cumplir con su promesa. Los ojos empezaron a cristalizarse mientras la garganta iba llenándose de escozor y amargura... Solo su nombre se repetía en la cabeza: «Teresa, Teresa...»

Los baches del asfalto hacían avanzar a Tomás entre saltos y traspiés. Ya casi había llegado. Miró los ciclámenes en su maceta, habían perdido varios pétalos por el viento y el polvo había perforado sus hojas y flores.

Su traje marrón estaba ligeramente arrugado y los zapatos habían sucumbido al barro de la cuneta. «Menudo desastre —pensó Tomás—. Ni siquiera soy capaz de traerte los ciclámenes de una pieza».

La puerta estaba abierta, eternamente abierta. Tomás decidió traspasarla y afrontar su encuentro. Allí se encontraba el sol resplandeciente sobre el jardín de mármol. La quietud del aire y del ruido inundó los sentidos de Tomás de una amarga esperanza, la esperanza de poder detener el tiempo antes del encuentro.

Ya de rodillas, temblando, acercó la flor a la sepultura. «Feliz cumpleaños amor. Aquí tienes tu regalo, tal y como te prometí el día que nos conocimos... No ha pasado un solo año en que no te haya regalado tus flores preferidas... Es lo único que puedo regalarte y es lo único que me queda, pues no pude cumplir la promesa..., nuestra promesa».

Otro fin

Salir corriendo hacia la oscuridad.
Huir, entre las sombras, querer ser nada.
Zigzaguear por los recuerdos,
abrazar la música.
El reloj imparable, tic-tac.
El corazón acompasado y fuerte.
Luces modernas esta noche,
fantasmas perdidos en las esquinas.
Allí estas tú, aterida de frío,
entre grises matorrales.
Y entre teclas de piano te observo.
Se acerca este fin.
Pantomima de historia.
Amables besos, amables gestos,
corazones solitarios bailando
melodías ya inventadas por los recuerdos.

RESQUEMOR

Rodeado de escaleras metálicas, eléctricas,
orugas de hierro elevando mis pies
y un teléfono ronroneando en mi cabeza.
Tu llamada ha dibujado el pasado otra vez.

Y ahora llanto, espuma y ansia,
fotos recientes, voz trémula,
tabaco en mi piel.

Creí haberte llorado antes,
creí haberte odiado y entendido.
Sentimientos, papel de seda blanca.
Rubia, olvidada y perseguida noche.

Creí vivir solo en mi fuego,
arder cada mañana, cada sueño.
¿Y ahora aparece un verano
en medio de este atardecer?

¿Quiere mi vida tenerte?
Mi soledad busca, olfatea significados,
rastrea la llama de la arena
apagada en lágrimas viejas y secas.

Juegos de ideas, árboles ardiendo,
cenizas en el horizonte y humo negro,
escuecen mis ojos ante tu paisaje.
Un horizonte arrasado...
Música de verano, viento helado,
alma mustia y aliento asfixiado.

El can

Una suposición tortuosa:
Acariciar el preámbulo
del fin de una noche
con las viejas uñas
del conocido misántropo.
Ovacionar, de nuevo,
los anhelos helados,
paralizado tiempo,
mientras crece otra primavera
verde y florida.
Va surgiendo el misterio,
histérico y frenético, y
mi mente vuela, de nuevo,
en torbellino ruidoso,
enjambre de negros estorninos.
La piel seca
se arruina entre mis dedos.
Se derrumban enteros mis brazos
junto a una pluma
firmada de deseos.
¿Esta noche es otra?
Ya no es un camino
ni son varios, son mis pasos
formas de andar
a un mismo destino.
(Poesía oculta en un suspiro).

Presente

Tratar de hablar de lo bueno,
de lo bello y lo tierno de una noche
de húmedo noviembre escarchado.
Se plantan las nubes a mi paso
concentrando mis ideas, ausente,
borrando huellas del pasado.
Para eso vive la niebla clara,
para hacernos vivir nuestro presente.
Y es otra noche, sí.
Porque no hay otra tras el ocaso
inevitable del sol apagado,
dorado, dulce y suave
como el otoño mojado.
Agradezco toda mi vida a este paso,
pues es la que tengo y me ha criado.
Presente queda en mi vaso
licor de hierbas dulces y amargas,
adultos me dieron su paso.

El viaje

Preparo el petate para un viaje diferente. Unas vacaciones sin pasado, sin duelos y con la esperanza puesta en mi nuevo yo, que no es otro distinto del de siempre. Ese yo pensativo, arrogante a veces, apasionado otras, con pies vestidos de recuerdos que amortiguan las piedras picudas del andén del río.

Me fijo en todo ello: en mis pies, manchados, descompuestos, amarillentos y viejos, en mis ropas nuevas cosidas con retales de antiguas experiencias. Pero son ahora nuevos colores sobrepuestos en este *collage* inventado. En mi nuevo yo, que lucha por ser diferente, precisamente ahora, cuando antes siempre lo fue.

Me fijo en mi vida nueva, en el espacio nuevo que habito... No reconozco nada nuevo, es otro *collage* de pedacitos de ocurrencias y quizás sea ahora lo que necesito, disponer de pedazos de mi vida antigua y construir sobre esos cimientos, que son cenizas, mis nuevas paredes de insomnio.

Provoco al insomnio, lo miro a la cara, le espero despierto toda la noche. El insomnio es arrogante, esquivo y frío. Mi juez toma su lugar, adjetiva, veloz, cada trazo de este pincel.

Crearé un tribunal de jueces sabios, ajenos e independientes, y daré voz a otros sonidos. El juez protector será juzgado como un niño que pierde su helado.

No necesito música, insomnio ni helados. Este verano todo llegará de fuera, ni el tiempo hará su trabajo, ni el camino ni las piedras del río pincharán mis viejos pies, pues tampoco pienso moverme. No hará falta maleta, no vendrá el juez. Solo saldrá el sol.

Mi casa

Escribe aquí tu nombre,
escucha cómo se pronuncia.
Dame algo de importancia
y hazme inmaterial.
Consigue que me aburra
de escupir palabras secas.
No vale con desearlo,
no creo en el ahora,
no veo cómo vaciarme
para seguir buscando el presente.
Solo es una hoja en blanco más,
no tiene deseos de ser escrita.
No tengo necesidad de llenarla
con ideas ni sueños,
ni es un ejercicio válido.
Haré un dibujo, pues,
que rellene tanto vacío.

VERDES

Dejar de huir a ningún lugar,
dejar de llegar a ninguna parte.
Apartar la huida, aborrecer la llegada.
Jugar con letras que rondan la nada.
Bordear los recuerdos ocultos,
ocultar los bordes cortantes, llenos
de jirones de pelo, ansias y sueños.
No es la mente la que escribe,
no es el llanto el que pronuncia
su oscuro nombre.
Son las manos viejas y cansadas
de llenar flores en botes.
Verdes anuncian mi nombre,
cual tambor presencia la batalla.
Nadie está preparado para ser valiente
si de andar caminos de ascuas se trata.
Camina la vida hacia su horizonte
después de desprenderse del futuro esperado.
Suenan altos, bajos, infames garabatos.

Quiero

Poder enamorarme de tus defectos,
mirar con cariño tus imperfecciones,
sentir que somos dos incompletos
andando en la noche.

Poder besar tus cicatrices,
acariciar todos tus complejos
y que beses los míos.
Heridas de caminante viejo

Sentir cómo rompen las olas
sin prisas, atardeciendo,
en nuestro ocaso de luz,
ocultas las sombras por los tejados

Buscarte en un suspiro,
hallarte sentada en la brisa
de una luna estrellada
mientras mengua su calor
y encontrarte eterna, mi vida.
Hoy es nuestro hoy

Mañana besaré tu brisa,
acariciaré las cenizas de nuestro amor
y estarán cálidas por siempre
mientras quedemos los dos.

La noche huyó a su cuna
de infancia sin color,
hoy es otra nueva
que esparce mi calor.

Estas líneas se dibujan
en la tierra recién arada
de nuestras vidas sedientas,
de nuestros corazones ansiosos,
de paz y de pasión.

Amarte quiero por hoy
por siempre sin fallar.
Mis labios cantan tu risa,
mi cielo es tierno
cuando estás.

SALMÓN

Tras los muros de la compasión
emerge un oscuro luchador,
un pionero buscador de pepitas de oro,
que hurga urgente el agua helada
con sus manos ansiosas.
Se esconde el tesoro dorado
entre piedras afiladas.
Los osos atienden, olfatean su debilidad.
Observan desde la otra orilla,
visualizando un manjar manchado
del oro repugnante.
Solo quieren su carne,
y escupir sus huesos al agua.
Los salmones retornan para desovar y morir.
Todo, en el mismo río:
Ambición, hambre, deseo, pasado y futuro.
Muerte.

BUNDOVAG

Chus sacó las manos de sus bolsillos raídos. Ya sentía de nuevo el dolor agudo y punzante creciéndole desde el estómago. El desayuno en el comedor del paseo del General Martínez Campos le había concedido unas pocas horas de energía, pero su cuerpo sexagenario no aguantaba como hacía tan solo unos pocos meses. Entonces era invierno y el frío helador de las madrugadas de Madrid le castigaba las extremidades sin piedad. Su piel, ennegrecida entonces, se quemaba cada noche que pasaba al raso, parapetada debajo de unos sucios cartones y alimentada a base de vino barato. Entonces el frío le pelaba la piel de los tobillos, las muñecas y las rodillas, y le hinchaba las articulaciones deformándolas. Pero eso era entonces, al duro frío de enero, el mes olvidado por las luces navideñas.

Chus se incorporó del duro y frío asiento de metal de la estación de Sol. Aquí en Madrid todo era duro y frío para sus huesos. La comodidad había huido hacía tiempo de su cuerpo, dejándole cálidos recuerdos de su infancia en un pueblo de Toledo, donde jugaba y se bañaba en la acequia de la era mientras su padre cortaba infatigable el patatal a golpe de guadaña, cual péndulo afilado y parsimonioso. Después, hurgaba la tierra seca amontonando el tubérculo dorado.

Chus soñaba con su infancia todos los días, mezclando recuerdos y ampliándolos en su imaginación. Ya no se acordaba de su juventud, de su primer trabajo, ni tan siquiera de su primer amor. Toda su atención se la llevaba su tierna infancia, el único tesoro, quizás, de toda su vida. Ya no le interesaba preguntarse cómo llego a perder a sus tres hijos ni por qué fue a caer en el alcohol y la locura.

Chus recordó su infancia y una sonrisa acudió a su desvalijada dentadura. Recordó la escuela a la que asistió tres meses antes de cumplir diez años y se acordó del aplauso que le dedi-

51

có su maestra al oírle recitar unos versos de Antonio Machado que había conseguido memorizar.

Carraspeó un momento, justo al escuchar el silbato metálico del metro, preludio del cierre de las puertas. Su voz se irguió un instante sobre el tumulto tedioso de los pasajeros que volvían a casa después del trabajo. De pronto, un repentino silencio dio paso a las miradas de indiferencia que se posaban en el largo pelo gris, sucio y enmarañado de Chus. «Buenas tardes a todos y perdón por las molestias...».

Hizo brotar los versos con voz trémula dejando un llanto seco en cada pausa. Se imaginaba a sí misma con diez años delante de sus compañeras de clase. Y así, se sacrificaba varias veces al día regalando sus inocentes versos a cambio de unas monedas para poder comer y comprar tabaco. A cambio, también recibía el doloroso golpe de la indiferencia de una gente educada para ignorar a los débiles, a los perdidos y a los frágiles. Una sociedad obsesionada con una imagen, una apariencia. Obsesionada con caretas, con el dinero, la ropa y el ocio. Una sociedad más interesada por lo virtual que por lo virtuoso, más obsesionada por las redes sociales que por el mundo real.

Chus no era más que un espejismo triste de la realidad, un fantasma al que la gente atravesaba con la mirada, un ente traslúcido y fuera de lugar. Una mueca de dolor y fracaso en el estresante día laboral de la gente, un corazón roto y alcoholizado, la locura senil de un borracho más.

Esa tarde Chus cerró los ojos al recitar su poema, contuvo el aliento al finalizar cada verso e imaginó como su voz ronca y áspera se volvía vibrante y dulce. Entonces, abrió los ojos y observó tranquila como el vagón de metro estaba lleno de niños expectantes y silentes que escuchaban atentos sus bellas palabras. Se fijó en la joven maestra y pudo darse cuenta de que la observaba sonriente. Chus se aferró a las manos ásperas, duras y grandes de su padre que la esperaba en la puerta. Al fin había llegado a casa, perdida tras décadas de pesadillas. De pronto, se hizo la eterna luz y Chus la respiró.

Noche amarga

La noche sabe amarga
en su nítida oscuridad
de luna llena y hueca. Sobria.
La noche se deshace en llantos
torturados en silencio.
La noche duele en sueños
y ríe con ojos abiertos.
La noche me cuenta cosas
de mis tristes sentimientos.
La noche se ríe de mis nubes,
de mis días y mis lamentos.

****

Corre el Sol cálido a mi encuentro,
trayendo consigo mi último aliento.
«Despierta a tu alma herida
del sueño del triste canto,
que tus nubes y tus días llegan,
envueltos en blanco manto,
de la espuma salada
que el mar dejó por tu llanto».
Brilla el rocío sobre las hojas doradas
que son lágrimas dulces, de miel,
de mil vidas enamoradas.
La noche esconde su rostro.
La noche está avergonzada.
La noche ha visto la vida,
en sombras desesperadas.

Isla azul

El café de hoy tiene una compañía extraña, la de todos los madrugadores aburridos que ocultan sus rostros tras una marca comercial en medio de una galería artificial. Es esto un centro comercial, un espacio que pretende erigirse en centro. Nada que objetar, solo soy uno más de paso, como todos, arrastrado con el río de los sonidos y las imágenes.

Viene bien perderse, no buscarse, mimetizarse con el entorno. Este entorno no es más falso que cualquier otra realidad, tampoco es más cómodo: las llamadas, los móviles y las pantallas son tan reales como cualquier bosque incendiado.

Huyen los animales del fuego, perseguidos por la nube negra de ruidos, ritmos e ideas dominantes: disruptivas.

Imposible la tranquilidad cuando se busca lo contrario, la disrupción. Nada permanece tras la ruptura, ni los recuerdos hallan su utilidad. Ni siquiera el deseo catapulta nuestras vidas, solo la deformación permanente en la desmemoria retorcida de aquellos que naufragaron pensando en el futuro, camino de estrellas apagadas hace lustros.

LA HOJARASCA

Se ha ocultado la cigarra tras la lluvia.
Ha llegado pronto el aire
a mover las cortinas del salón.
El salón es un hueco
lleno de ruidos del patio exterior.
Hay gente chillando,
niños arrojados desde los balcones.
Pelotas pinchadas,
azotadas de pies descalzos.
También ruido de ruedas pequeñas,
de maletas humildes,
arrastradas por la ilusión de una llegada
tras los pasos mudos de sus dueños.
El cielo escupe las nubes
atragantadas en su paladar.
Es otra vuelta al cole,
esta vez voy solo y como espectador
disfrazado entre los padres
y madres vendidos al verano.
No duele Nada aún.
Nada significa algo...
No es mi momento,
aunque observe, incrédulo,
como la vida pasa
mientras el tiempo se queda estancado.
Sueño con el atardecer,
con la hojarasca risueña y desatada.
Aún no es el momento;
todavía tengo que abrochar cordones,
zapatos o ajustar el agua de los charcos.

ÍNDICE